Kleines Hufeisen
Großes Hufeisen

Keine Angst vor Hindernissen

geschrieben von Isabelle von Neumann-Cosel
illustriert von Jeanne Kloepfer

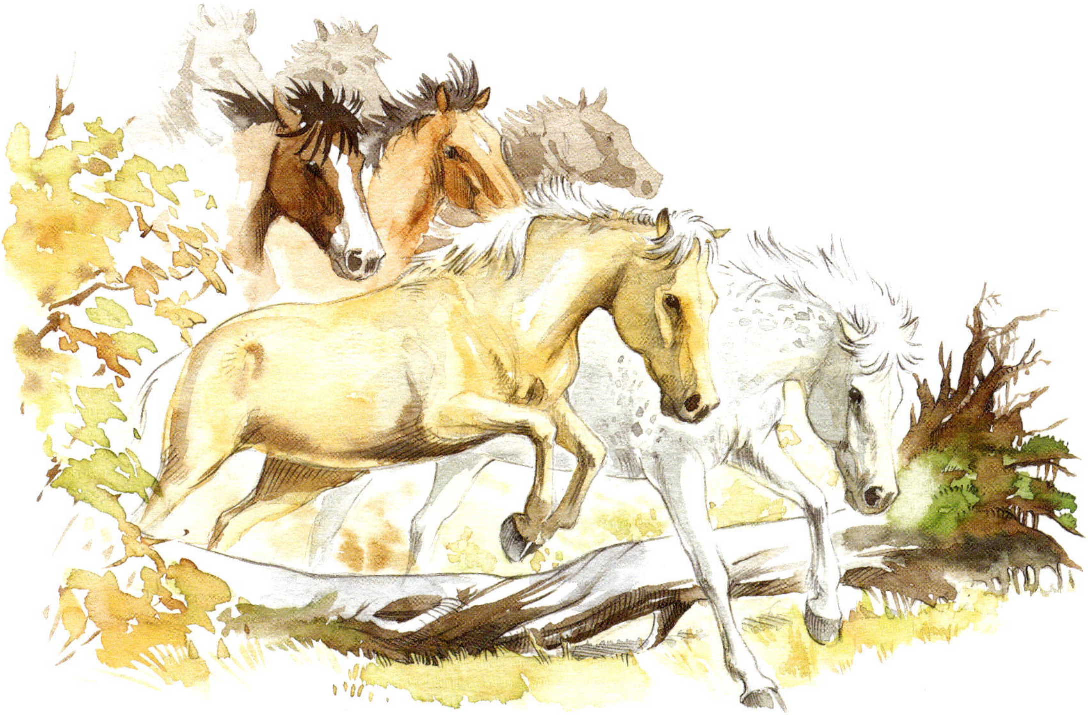

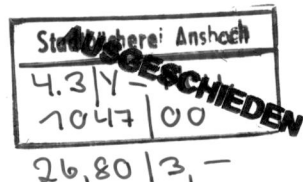

Die Deutsche Bibliothek – CIP-Einheitsaufnahme

Keine Angst vor Hindernissen / geschrieben von Isabelle Neumann-Cosel. Ill. von Jeanne Kloepfer. – Warendorf : FN-Verl. der Dt. Reiterlichen Vereinigung, 1999
       (FN-Hufeisen-Sachbuch) (Kleines Hufeisen – Großes Hufeisen)
       ISBN 3-88542-345-6

Autorin: Isabelle von Neumann-Cosel, Edingen-Neckarhausen
Illustratorin: Jeanne Kloepfer, Heidelberg
Layout: mf graphics, Marianne Fietzeck, Gütersloh
Fotos: Jean Christen, Mannheim, Seite 14, 19, 25, 26, 30, 31,
39 und 44 sowie C.T. Nebe, Ladenburg

Lithografie: MediaPrint, Paderborn
Digitale Bogenmontage, Druck und Verarbeitung:
MediaPrint, Paderborn

Der Text dieses Buches entspricht den Regeln der
neuen deutschen Rechtschreibung

ISBN 3-88542-345-6

Wo finde ich was?

Auf der Flucht
Die Fähigkeit zum Überwinden von Hindernissen

Vierbeinige Athleten

Pferde sind geborene Sportler: Sie können nicht nur ausdauernd und schnell laufen, sondern auch große Sprünge machen. Als Nestflüchter kommen kleine Fohlen bereits

Tipp

→ Strafe dein Pferd nicht, wenn es ein Hindernis zu umgehen versucht.

fertig entwickelt auf die Welt. Wenn du einmal die Gelegenheit hast, ein junges Fohlen beim Spiel zu beobachten, dann wirst du sehen können, wie es nicht nur das schnelle Laufen, Starten, Stoppen und Wenden, sondern auch das Springen in die Luft spielerisch übt. Diese ersten Springübungen machen junge Pferde freiwillig ganz von selbst. Schritt, Trab und Galopp sind allen Pferden angeboren – und im Galopp bewegt sich ein Pferd springend vorwärts.

Deutlich ist in dieser Gangart die Schwebephase zu sehen – so nennt man den Augenblick, in dem kein Bein den Boden berührt. Mit Hilfe der kräftigen Gelenke seiner gewinkelten Hinterbeine kann ein Pferd sich kraftvoll vom Boden abdrücken. Das Pferd lässt sich fliegen – so heißt es in der Fachsprache, wenn ein Hindernis flüssig und harmonisch überwunden wird.

Springen nur, wenn es sein muss

Aber es gibt auch andere Bilder: Pferde versuchen manchmal, Hindernissen auszuweichen oder bleiben vor ihnen stehen. Dieses Verweigern lässt sich nicht nur über hohen, schwierigen Hindernissen beobachten, sondern manchmal auch vor kleinen Sprüngen. Manche Gegner des Springsports behaupten daher, dass Pferde nur aus Angst und unter Zwang springen.

Oft sieht das Springen allerdings völlig selbstverständlich aus: Pferd und Reiter scheinen richtig Spaß daran zu haben. Die Streitfrage, ob Pferde freiwillig und gern springen oder nicht, ist nicht nur mit Ja oder Nein zu beantworten.

Die wild lebenden Vorfahren unserer heutigen Pferde konnten springen - aber sie taten es nur, wenn es sein musste. Springen ist anstrengend und kräfteraubend – für Wildpferde nur sinnvoll auf der Flucht. Der Instinkt rät ihnen, ihre Kräfte zu schonen.

Also versuchen sie – wenn es nicht zu viel Zeit kostet und unmittelbare Gefahr droht – ein Hindernis zu vermeiden. Versperrt es allerdings deutlich den Fluchtweg, dann wird es ohne Zögern überwunden. Wildpferde springen selbstverständlich über umgefallene Baumstämme, Gräben, Sumpfstellen, kleine Hecken und Wälle.

Springen will gelernt sein

Etwas von diesem **natürlichen Verhalten** steckt auch in unseren heutigen Reitpferden. **Junge Pferde** am Anfang ihrer Reit- und Springausbildung versuchen oft, einem Hindernis erst einmal **auszuweichen**. Beim **Bau** der **Hindernisse** wird daher darauf geachtet, dass Pferde nicht einfach ausweichen können. Seitliche **Fänge** neben dem Sprung helfen den Pferden, das **Hindernis anzunehmen**. Haben sie erst einmal **gelernt**, einen Sprung zu **überwinden**, dann beginnt die Sache oft, ihnen **Spaß** zu machen.

Mutige und **selbstbewusste** Pferde haben in der Regel keine Probleme, das **Überwinden** von **Hindernissen** ganz selbstverständlich zu **erlernen**. Nur bei **ängstlichen** Pferden bleibt das Springen manchmal mit Aufregung und Fluchtgedanken verbunden.

Auch wild lebende Pferde springen – aber nur, wenn sie ein Hindernis nicht umgehen können.

Ob ein Pferd gerne springt, dafür spielt die **Ausbildung** eine ganz entscheidende Rolle. Nur ein Pferd, das **gelernt** hat, völlig **selbstverständlich** und **ohne Aufregung** Hindernisse zu überwinden, ist für den **Reiter** ein angenehmer **Partner**. Auf einem solchen Pferd – mit genügend **Erfahrung** – kannst auch du springen lernen.

➡ Mache deine ersten **Springversuche** nur auf einem sicheren **Lehrpferd**!

Nur wenn du deinem Pferd **vertrauen** kannst, wirst du deine eigene anfängliche Unsicherheit überwinden lernen. Und nur dann macht das Reiten über Hindernisse **Spaß**. Vielleicht wird es sogar deine Lieblings-Disziplin?

Ein ganz großer Galoppsprung
Anlauf, Absprung, Flug, Landung

Vier Beine in der Luft

Springen kann sehr selbstverständlich aussehen – und es geht meist so schnell, dass du als Zuschauer gar keine Einzelheiten erkennst. Ein kleiner Sprung ist eigentlich nichts anderes als ein **vergrößerter Galoppsprung**. Alle **Pferde**, ob **groß** oder **klein**, können lernen, wenigstens ein **niedriges Hindernis** zu überwinden.

Jeder Sprung, ob kleiner Satz über vierzig Zentimeter oder großer Sprung über eine Zwei-Meter-Mauer, verläuft nach dem gleichen Schema:

- **Anlauf**,
- **Absprung**,
- **Flug**,
- **Landung**.

Tipp
→ **Trainiere dein Auge für die Springmanier eines Pferdes.**

Niedrige Hindernisse kann ein Pferd am besten aus flüssigem, **gleichmäßigem Tempo** überwinden, sogar aus dem **Trab** springen. Ein besonders weiter oder schneller Anlauf ist nicht nötig. Erst bei einem **höheren** Sprung (je nach Springvermögen und Ausbildung des Pferdes) muss es auf den letzten Metern **Kraft** sammeln für den **Absprung**. Dabei nimmt das Pferd mit der **Hinterhand** mehr **Gewicht** auf, um die Vorderbeine und den Körper leichter anheben zu können.

Der **Absprung** muss **passen**: Ist das Pferd **zu dicht** an das Hindernis herangaloppiert, muss es beinahe über den Sprung **klettern**. Es besteht die Gefahr, dass es mit den Vorderbeinen die oberste Stange berührt. Ist das Pferd dagegen **zu früh** abgesprungen, besteht die Gefahr, dass es mit den Hinterbeinen die Stange reißt.

Absprung – Flug – Landung: Jeder Sprung setzt sich aus diesen drei Phasen zusammen.

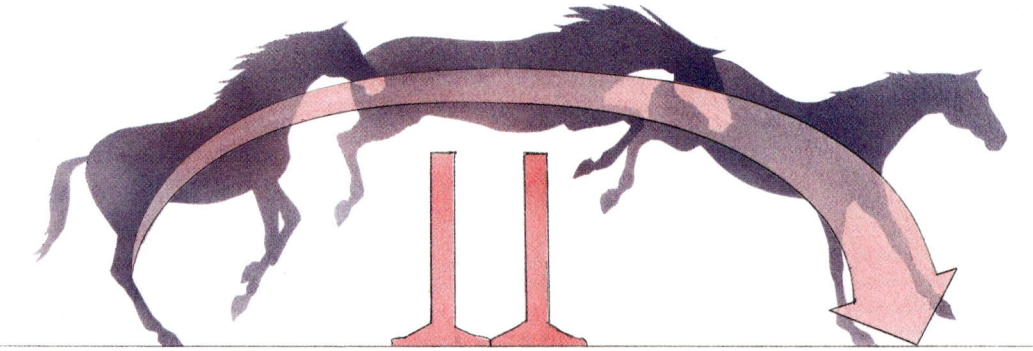

Ein kleiner Sprung ist nichts anderes als ein vergrößerter Galoppsprung.

Gute Springmanier

Eine gute **Springmanier** – so nennt man die Art und Weise, wie ein Pferd ein Hindernis überwindet – hat nichts mit der Höhe des Hindernisses zu tun. Erwünscht ist ein **flüssiger Bewegungsablauf**, den der Reiter unter Kontrolle hat. In der Luft soll das Pferd regelrecht fliegen, mit aufgewölbtem **Rücken** und **Hals**, dabei die **Vorderbeine** möglichst gut **anwinkeln**. So kann das Pferd geschickter vermeiden, an einer Hindernisstange anzustoßen. Bei der **Landung** dagegen muss das Pferd die **Vorderbeine** blitzschnell nach vorne **ausstrecken**, um sein Gewicht und das des Reiters abzufangen.

➡ Eine gute **Springmanier** sieht nicht nur gut aus, sondern **fühlt** sich auch für den **Reiter** gut an.

Allerdings kann ein Pferd nur dann **sicher** und **ausbalanciert** springen, wenn ein Reiter es dabei nicht stört.

Springtalente

Allerdings haben nicht alle Pferde gleich viel **Talent** für das Springen. Gerade in Deutschland, aber auch in Frankreich oder Holland werden Pferde seit vielen Jahren **systematisch** für den Springsport **gezüchtet**. Aus solchen **Leistungszuchten** stammen viele berühmte **Springpferde** auf der ganzen Welt.

Im modernen **Leistungssport** müssen Pferde nicht nur hoch und weit **springen** und schnell **galoppieren** können, sondern auch wendig, geschickt und **reaktionsschnell** sein. Zu alledem soll das Pferd willig auf die Reiterhilfen gehorchen, also **leichttrittig** sein. Ein Springpferd braucht **Mut**, damit es auch in einer schwierigen Situation den Reiter unterstützt. Es sollte belastbar sein, das heißt über **gute Nerven** und eine **stabile Gesundheit** verfügen.

Immer mit der Bewegung
Springen unter dem Reiter

Im Gleichgewicht

Nicht nur ein Pferd muss heil über einen Sprung kommen – auch du als Reiterin oder Reiter musst lernen, den Sprung korrekt zu überwinden. Das kann nur gelingen, wenn du im **Gleichgewicht** sitzt und in jedem Augenblick mit der **Pferdebewegung mitgehst**. Springen ist keine Hexerei. Aber jeder **Anfänger** im Springreiten muss die dafür nötige **Balance** Schritt für Schritt lernen.

Der größte Feind des Gleichgewichtes ist die **Angst**. Stell dir vor, du wärest ein Neuling im Skifahren und solltest plötzlich in Schussfahrt einen steilen Berg hinunterfahren. Vermutlich würden die Skier lossausen, während du noch zögerst – du würdest schnell auf deinem Hinterteil landen.

So ähnlich geht es manchen unerfahrenen Reitern über dem Sprung. Während das Pferd schon mit allen vier Beinen in der Luft ist, versuchen die Reiter, noch diesseits des Hindernisses zu bleiben. Sie geraten **hinter die Bewegung** – beim Landen sind häufig ein **Plumps** in den **Pferderücken** und ein **Ruck** ins Pferdemaul die Folgen. Weder das Pferd noch der Reiter werden einen solchen Sprung in angenehmer Erinnerung behalten.

Auch wer sich nach vorne auf den Pferdehals wirft, also **vor die Bewegung** gerät, ist in Gefahr, beim Landen in unangenehmen Kontakt mit dem Sattel, dem Pferdehals oder gar dem Boden zu kommen.

> **Tipp**
>
> → Beim Reiten im Gelände bergauf und bergab lernst du am besten, mit der Pferdebewegung mitzugehen.

So macht Springen keinen Spaß:
ungeschickt vor der Pferdebewegung.

Die eigene Angst überwinden

Anfängliche Angst vor Hindernissen ist völlig **normal**, manchmal sogar hilfreich – sie schützt dich davor, dir zu viel zuzutrauen. Aber zu viel Angst macht dich **starr** und **steif**. Dann kannst du nicht mehr mit der Bewegung mitgehen.

➡ Gestehe dir deine Angst ein. Nur so kannst du lernen, sie zu überwinden.

Was dir helfen kann, deiner Angst mutig entgegen zu gehen:

- **Vertrauen** zum Pferd und zum Ausbilder,
- **Gewöhnung** an die neuen Bewegungsabläufe,
- **Steigerung** der Anforderungen in ganz **kleinen Schritten** und
- erste **Erfolgserlebnisse**.

Ein **ausbalancierter Sitz** über dem Sprung ist **Übungssache**. Springen kann und muss man trainieren! Als Medizin gegen die Angst ist es wichtig, zu Anfang die **Anforderungen** leicht zu halten. Eine **Trainingshöhe** von 40 bis 80 Zentimetern ist ausreichend, um die wichtigsten **Grundtechniken** beim Springen zu erlernen. Und wenn der

So macht Springen Spaß: sicher im Einklang mit der Pferdebewegung.

Absprung einmal nicht passt, dann schafft ein Pferd diese Höhe notfalls auch aus dem Stand.

Erst, wenn Reiter und Pferd über niedrigen Hindernissen **Sicherheit** gewonnen haben, können sich beide an **höhere** **Sprünge** wagen.

So macht Springen keinen Spaß: ängstlich hinter der Pferdebewegung.

Für alle Sprünge bereit
Die Ausrüstung von Pferd und Reiter

Korrekte Reitbekleidung

Für das Springen brauchst du selbst – wie für jede Reitstunde – eine **korrekte Reitausrüstung**. Dazu gehört eine passende, gut sitzende **Reithose**, die am Gesäß und an den Knien keine störenden Falten bildet. Für die Schuhe gilt: Sie müssen bis über die **Knöchel** reichen und **Absätze** haben, damit die Füße nicht durch die Steigbügel rutschen oder die empfindlichen Knöchel am Steigbügel anschlagen können. Kniehohe **Lederstiefel** sind die beste, aber auch teuerste Reitbekleidung. Preiswerte Alternativen sind **Gummi-** oder **Plastikstiefel** oder knöchelhohe **Stiefeletten**, kombiniert mit langen **Jodhpur-Reithosen** oder kniehohen **Lederchaps**.

Wähle dein **Oberteil** nicht zu schlabbrig, damit der Reitlehrer deinen Sitz beurteilen kann. Stecke Hemd oder T-Shirt am besten in die Hose. Eine gute Alternative zum Sweatshirt in XXL-Größe bietet für die Springstunde eine körpernahe **Weste**. Gewöhne dir an, mit **Handschuhen** zu reiten – so kannst du die Zügel besser in der Hand behalten. Benutze eine **kurze Gerte**; auf dem Turnier gilt als Höchstmaß die Länge von 75 Zentimetern. Sprich den Gebrauch von **Sporen** mit deinem Ausbilder ab. Lange, scharfe oder Rädchensporen sind gefährlich – du könntest dein Pferd verletzen, wenn deine Unterschenkel einmal verrutschen. Dein wichtigstes Kleidungsstück ist allerdings der **Helm**. ➡ Springe **niemals ohne Sicherheits-Reithelm** mit Drei- oder Vierpunkt-Befestigung! Dein Helm muss der gültigen deutschen DIN-Norm entsprechen.

> ## *Tipp*
> ➡ **Überprüfe die Ausrüstung deines Pferdes, auch wenn es ein Schulpferd ist, vor jeder Springstunde!**

Pferd und Reiter korrekt ausgrüstet für die Springstunde.

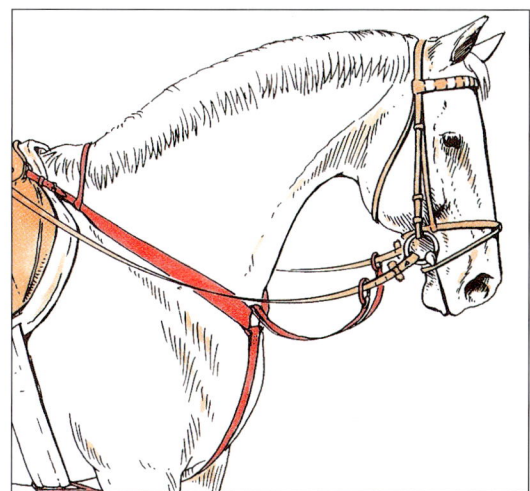

Das Martingal, kombiniert mit einem Vorderzeug.

Die Ausrüstung des Pferdes

Das Pferd wird für den Springunterricht wie gewohnt mit **Sattel** und **Trense** ausgerüstet. In der Zäumung gibt es zunächst keinen Unterschied zum Dressurreiten. Allerdings sind auf Turnieren im **Springen** andere **Gebisse** und **Zäumungen** erlaubt als in der Dressur. Die Entscheidung über eine besondere Ausrüstung solltest du deinem Ausbilder (deiner Ausbilderin) überlassen.

➡ Hüte dich vor **Experimenten** mit scharfen Gebissen oder ungewohnten Zäumungen!

Der Sattel, auf dem du Springen lernst, sollte ein **Vielseitigkeits-** oder **Springsattel** sein. Auf einem solchen Sattel findest du auch mit verkürzten Bügeln im **leichten Sitz** einen sicheren **Halt**. Bequeme **Pauschen** (Polsterungen unter dem Sattelblatt) bieten die richtige Position für den **Knieschluss**.

Hilfszügel und Gamaschen

Als einziger **Hilfszügel** ist im Springen das **gleitende Ringmartingal** erlaubt. Es wird oft mit einem **Vorderzeug** kombiniert, das den Sattel daran hindert, zu weit zurück zu rutschen. Ein **Martingal** hilft dir, die **Kontrolle** über ein Pferd zu behalten, das seinen Kopf sehr hoch nimmt. Bei natürlicher Kopfhaltung sollte das Martingal durchhängen.

Martingalschieber auf den Zügeln verhindern, dass die **Ringe** des Martingals sich in den Zügelschnallen verhaken können. Ein **Stopper** auf der Brust des Pferdes sorgt dafür, dass sich kein Vorderbein im durchhängenden Bauchriemen verfangen kann.

➡ Prüfe vor dem **Aufsitzen**, ob dein Martingal richtig verschnallt ist und Schieber und Stopper auf ihrem Platz sind!

➡ Springe **nicht** mit fest stehenden Hilfszügeln wie **Ausbindezügeln** oder einem **Stoßzügel**!

Zum **Schutz** der empfindlichen **Pferdebeine** sollte das Pferd mit **Gamaschen** ausgerüstet sein, zumindest an den Vorderbeinen. Sie bieten den besten **Schutz** vor äußeren **Verletzungen**. Merke:

- Gamaschen werden immer **von vorne nach hinten** geschlossen.
- Die **Verschlüsse** liegen an der **Außenseite** der Beine.
- Gamaschen für die **Hinterbeine** sind breiter und höher als für die Vorderbeine (Ausnahme: kurze **Streichkappen**).

11

Zusammenklappen wie ein Taschenmesser
Der leichte Sitz

Den Pferderücken entlasten

Beim Reiten über Hindernisse wird im leichten Sitz geritten, genau wie im Gelände und beim Anreiten junger Pferde. In dieser Sitzform wird der Pferderücken entlastet, deswegen heißt dieser Sitz in der Reitersprache auch Entlastungssitz. Der Reiter klappt sich dabei – so ähnlich wie ein halb geschlossenes Taschenmesser – zusammen.

Während der Dressursitz gerade und gestreckt wirkt, werden im leichten Sitz Hüft-, Knie- und Fußgelenke mehr gebeugt. Die beiden Knie kommen auf diese Weise weiter nach vorn und dicht an den Sattel. Der so genannte Knieschluss bietet dir besseren Halt, wenn dein Gleichgewicht in Gefahr ist. Die Hände werden rechts und links dicht neben dem Pferdehals getragen.

Beim dressurmäßigen Reiten bleibt der Oberkörper aufrecht.

Tipp

→ Trainiere den leichten Sitz so ausgiebig wie möglich!

In unterschiedlichen Situationen

kann der leichte Sitz sehr verschiedene Formen annehmen:

- Bei leichter Entlastung ist der Oberkörper nur leicht nach vorne geneigt und das Gesäß bleibt dicht am Sattel.
- Bei starker Entlastung ist der Oberkörper weit nach vorne gebeugt und das Gesäß berührt den Sattel nicht mehr.
- Die Übergänge zwischen den verschiedenen Formen des leichten Sitzes sind fließend.

12

Zwischen den Sprüngen wird im leichten Sitz geritten – hier im Bild mit wenig Entlastung.

Ein um den Pferdehals geschnallter **Halsriemen** kann deinen Händen anfangs eine Hilfe bieten. Nimm die **Bügel** eine Spur weiter hinten, auf der breitesten Stelle des Fußes auf. Deine **Unterschenkel** sollen bei allen Bewegungen auf dem Pferd **ruhig** am Gurt liegen bleiben.

➡ Achte darauf, dein Gewicht nicht auf dem Pferdehals abzustützen! Wenn du deine **Balance** gefunden hast, kannst du im freien Reiten üben, den Pferderücken unterschiedlich zu entlasten. Je mehr du auf das Pferd **Einfluss** nehmen willst, desto weniger entlastest du den Pferderücken.

■ Beim **Zurückführen** im Tempo, beim **Aufnehmen** nach dem Sprung und beim Reiten in eine **Wendung** wird weniger entlastet.
■ Beim **Zulegen** im Tempo und auf **gerader Linie** wird mehr entlastet.
■ **Über dem Sprung** wird so viel wie möglich entlastet.

Den leichten Sitz lernen

Im leichten Sitz kannst du deutlich sehen, dass der Reiter auf dem Pferd beständig in leichter **Bewegung** ist: Knie-, Hüft- und Fußgelenke müssen im **Rhythmus** der Pferdebewegung weich **federn**, damit das **Gleichgewicht** nicht verloren geht.

Am schnellsten und sichersten erlernst du diese Sitzform, wie zuvor schon den Dressursitz, an der **Longe**. Dabei kannst du dich ganz auf den **Sitz konzentrieren** und musst das Pferd nicht gleichzeitig unter Kontrolle halten.

Damit dir der leichte Sitz gelingt, musst du deine **Bügel** deutlich **kürzer schnallen** als im Dressursitz – meist etwa drei bis vier Löcher.

Über dem Sprung soll der Pferderücken völlig entlastet werden.

13

Auf und ab
Bergauf, bergab, klettern und sich ducken

Schneller reagieren

Springen macht **Spaß**. Ein kleines Hindernis zu überwinden ist ein tolles Gefühl. Dennoch lauern auch beim Springen unvorhergesehene **Probleme**. Ein großer **Unterschied** zwischen dem Dressurreiten und dem Reiten über Hindernisse besteht darin, dass beim Springen alles viel schneller geht. Es wird nicht nur in **höherem Tempo** geritten – der Reiter muss auch viel **schneller reagieren**. Rascher und öfter als im Dressurviereck entstehen unvorhergesehene Situationen, in denen die **Sicherheit** des Reiters **gefährdet** sein kann.

- Beim **Reiten** von **scharfen** Wendungen rutschst du leicht nach außen.
- Beim schnellen Galoppieren kann die **Kontrolle** über das **Tempo** verloren gehen.
- Manchmal **springt** ein Pferd viel **höher**, als es das Hindernis erfordert – dann ist ein Sprung schwierig auszusitzen.

Tipp
→ Probiere einmal aus, mit ganz kurzen Bügeln wie ein Rennreiter zu galoppieren!

- Wenn der **Absprung nicht passt**, ist der Sprung für dich nicht flüssig und angenehm.
- Schlimmstenfalls gibt es einen **Rumpler**, wenn das Pferd den Sprung ungeschickt überwindet und die Stangen purzeln.
- Wenn das Pferd vor dem Hindernis **stoppt** oder seitlich **ausbricht**, fällst du leicht über den Pferdehals nach vorn.

Vor all diesen Situationen brauchst du keine besondere Angst zu haben. Du kannst dich **sicher** auf dem Pferderücken halten, wenn du den leichten Sitz **genügend trainiert** hast.

Klettern ist eine gute Schule für den leichten Sitz.

Wer sich ganz tief seitlich neben den Pferdehals ducken kann, kommt beim Springen nicht so schnell aus dem Gleichgewicht.

Sicher werden im leichten Sitz

Bevor du mit dem Reiten über Hindernisse beginnen kannst, muss dein **leichter Sitz** ganz **sicher** werden. Am leichtesten und zugleich am besten kannst du den leichten Sitz im **Gelände** trainieren. Beim Auf und Ab auf natürlichen Wegen, beim **Klettern** von kleinen Steilhängen, beim Überwinden von **Bodenwellen**, in **unebenem Gelände**, beim **Ducken** unter tief hängenden Zweigen und beim schnellen **Galoppieren** musst du den Pferderücken **entlasten**.

Wenn du dein Pferd aufmerksam beobachtest, spürst du deutlich die Bewegungen seines **Rückens**. Du merkst selbst, wie du dich der **Pferdebewegung** am besten **anpassen** kannst.

■ Verlagere beim **Klettern bergauf** deinen Schwerpunkt weit nach vorn, um dem Pferd die schwere Arbeit zu erleichtern.

■ Bleibe beim **Klettern bergab** mit dem Oberkörper senkrecht zum Hang.

■ Gehe in **schwierigem**, sehr unebenem Gelände in den **Entlastungssitz** und lasse dem Pferd genügend **Halsfreiheit**, damit es sich ausbalancieren kann.

■ Achte darauf, dass dein **Tempo** bergauf nicht immer langsamer und bergab nicht immer schneller wird.

Wenn du nicht genügend Gelegenheit hast, ins Gelände zu reiten, dann übe den leichten Sitz in **allen** drei **Gangarten** auf dem **Außenplatz**. **Galoppiere** auch längere Strecken in höherem **Tempo**, um deine **Kondition** zu verbessern. Der leichte Sitz ist anstrengend!

→ Mache ein **Spiel** daraus, deinen Oberkörper nur leicht zu neigen oder bis ganz tief neben den Pferdehals zu beugen. Achte auf dein **sicheres Gleichgewicht**!

Aller Anfang ist flach
Reiten über liegende Stangen

Am Boden bleiben

Die beste Vorbereitung für das Reiten über kleine Sprünge ist die Arbeit mit so genannten **Bodenricks** oder **Cavalettis**. Das sind **Stangen** mit seitlichen **Kreuzen** oder anderen Befestigungsmöglichkeiten. Sie erlauben es, die Stangen in verschiedener **Höhe** zu platzieren:

- **flach** auf dem Boden liegend oder dicht über dem Boden,
- in **halber Höhe** (bis zu 20 Zentimeter hoch)
- oder in **voller Höhe** (bis zu 40 Zentimeter hoch.

Anstelle der fertig montierten Bodenricks können auch einzelne **Hindernisstangen** und **Plastikblöcke** mit verschieden hohen Einkerbungen als **Auflage** verwendet werden. **Stangen**, die nur einfach auf den **Boden** gelegt werden, haben einen großen Nachteil: Sie können leicht **wegrollen**, wenn ein Pferdehuf sie berührt. Das ist gefährlich! Kleine untergelegte **Holzkeile** geben den Stangen sicheren Halt.
→ Reite nie über am Boden liegende Stangen, die verrutscht sind!

Tipp

→ **Reite liegende Stangen nur dann an, wenn du sicher bist, dass die Abstände passen.**

Stangen, Blöcke, Cavalettis, Kegel – alles da. Der Aufbau kann beginnen!

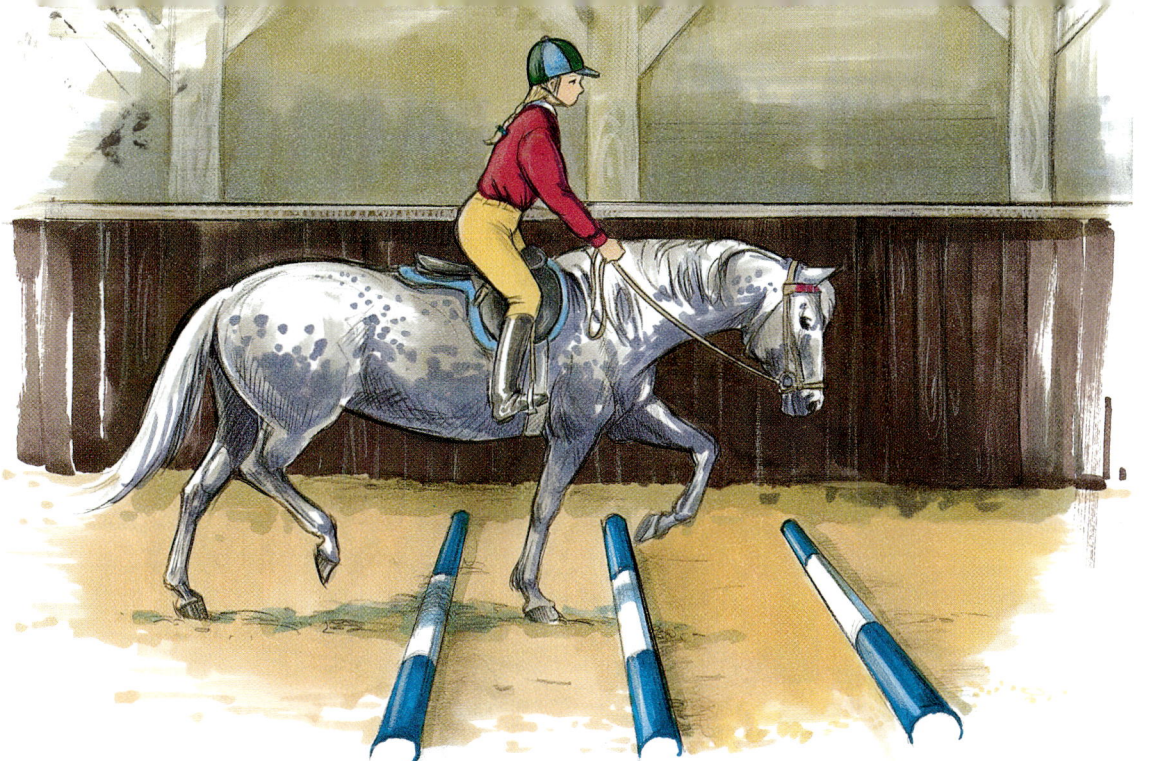

Auch am Boden liegende Stangen sind kleine Hindernisse.

Über liegende Stangen

Über direkt oder dicht am Boden liegende **Stangen** kannst du in **allen** drei Gangarten reiten. Mehrere Stangen hintereinander müssen in ihrem **Abstand** allerdings zur **Gangart** und zum Raumgriff des Pferdes passen.

Für ein Großpferd gelten folgende durchschnittliche **Abmessungen** für den **Abstand** zwischen zwei Bodenricks:

- Schritt 80 Zentimeter
- Trab 1,30 Meter
- Galopp 3 Meter.
- Für **Ponys** müssen die **Abstände** jeweils passend **verkürzt** werden!
- ➔ Frage im Zweifelsfall deine(n) Ausbilder(in), ob die Abstände für dein Pferd passend aufgebaut sind.

Zum allererersten Anfang genügt eine einzelne, quer zum Hufschlag gelegte Stange. Die Zahl aufeinander folgender Cavalettis kann von **drei** bis auf **sechs** erhöht werden. Vermeide es, im Trab und Galopp zwei hintereinander liegende Stangen anzureiten. Dieser Aufbau verleitet die Pferde zu springen, statt den **Rhythmus** der **Gangart** beizubehalten.

- Reite **gerade** in der **Mitte** an.
- Achte auf ein **gleichmäßiges Tempo**.
- **Entlaste** über den Stangen den Pferderücken.
- **Gib** mit den Zügeln in Richtung Pferdehals **nach**.
- Reite **ruhig** geradeaus **weiter**.

Im Schritt und Trab kannst du die Bodenricks bis zu 20 Zentimeter hoch aufstellen. Ein 40 Zentimeter hohes Bodenrick ist schon ein kleiner **Sprung**.

Der erste Sprung: Augen auf und Hände vor

Nie ohne Ausbilder

Ein aufgestelltes Bodenrick ist nur ein kleiner Sprung, den jedes Pferd und jedes Pony mühelos schafft. Auch für einen Reiter stellt ein solches Hindernis keine besondere Herausforderung dar. Dennoch: Springen lernen eignet sich nicht für Experimente auf eigene Faust. Für deine Springausbildung – selbst wenn es nur der allererste kleine Sprung ist – brauchst du eine gute Anleitung. Ein Ausbilder (eine Ausbilderin) wird dir bei der Frage raten können, ob du reif für den Springunterricht bist. Tröste dich damit, dass auch gute Springreiter einen Trainer brauchen.

➡ Versuche nicht, ohne Unterricht springen zu lernen!

> **Tipp**
> Wenn du unsicher bist – fass mit einer Hand in die Mähne.

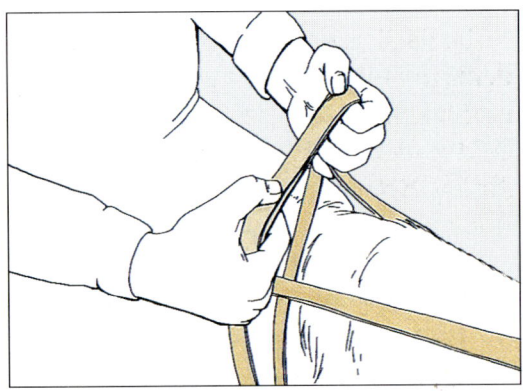

So wird eine hilfreiche Zügelbrücke gefasst.

Dressurmäßige Grundlagen

Wenn plötzlich irgend etwas nicht klappt, bist du ganz schnell hilflos. Und das kann auch schon bei ganz kleinen Hindernissen passieren. Tritt beim Springen irgendein Problem auf, dann sollte es sofort unter richtiger fachlicher Anleitung gelöst werden. Andernfalls erinnert sich das Pferd in der nächsten Springstunde wieder daran... und aus dem einmaligen Problem wird ein Dauerzustand.

Du musst beim Springen dein Pferd in höherem Tempo und in schnell wechselnden Situationen unter Kontrolle behalten. Dafür ist eine gute dressurmäßige Grundlage die Voraussetzung. Springreiten besteht nämlich nicht nur im Überwinden von Sprüngen, sondern im Reiten von Hindernis zu Hindernis. Und dabei sind vergleichbare Techniken gefragt wie beim Dressurreiten:

- Zulegen und Einfangen,
- Wendungen auf engem Raum und
- das genaue Einhalten von gedachten Linien.

Übungen, wie sie im Dressurviereck verlangt werden – halbe Paraden, Übergänge, wechselnde Tempi und genaue Hufschlagfiguren – haben daher mehr mit dem Springsport gemeinsam, als es auf den ersten Blick aussieht. Pferd und Reiter brauchen eine dressurmäßige Grundausbildung.

Trabstangen vor dem ersten kleinen Sprung helfen, den richtigen Absprung zu finden.

Aus dem Trab

Für deinen allerersten richtigen
Sprung reicht ein aufgestelltes
Bodenrick aus. Ein **Anreiten aus dem Trab** hat zwei große Vorteile:

- Du hast das Pferd sicher unter Kontrolle.
- Der Absprung passt immer.

Später wirst du feststellen, dass ein flüssiger Sprung **aus dem Galopp** noch leichter und besser auszusitzen ist.

Trabstangen vor einem Sprung – wie hier auf dem Foto – geben den **Trabrhythmus** sicher vor.

- Gehe bereits über den Trabstangen in den leichten Sitz!
- Lass dem Pferd Halsfreiheit.
- Achte darauf, dass dir bei der Landung die Beine nicht nach hinten oben wegfliegen.
- Halte über dem Sprung nicht die Luft an!

Bei den ersten Springversuchen kann ein **Halsriemen** (wenn das Pferd nicht mit Martingal ausgerüstet ist, dann reicht auch ein einzelner um den Hals geschnallter Bügelriemen) gute Dienste leisten. Scheue dich nicht, hineinzufassen, wenn du dir unsicher bist. Eine **Zügelbrücke** (Bild links unten) gibt den Händen ebenfalls Halt; sie können nicht so leicht nach unten wegrutschen.

Ist dir trotz aller guten Tipps vor deinem ersten Sprung ein bisschen mulmig zu Mute? Keine Sorge, das geht anderen Reitern auch so. Anfängliche **Besorgnis** wirst du leicht **überwinden**.

➡ Nur wenn sich deine Angst zu einer richtigen **Panik** auswächst, in der du **nicht** mehr richtig **reagieren** kannst, solltest du auf einen Springversuch verzichten.

Kleine Sprünge machen Spaß
Sicher werden über dem Hindernis

Völlig selbstverständlich

Hat er gut geklappt, dein **erster Sprung**? Wahrscheinlich weißt du selbst schon gar nicht mehr, wovor du anfangs noch Angst gehabt hast. Bald wird das **Springen** über kleine Hindernisse für dich völlig **selbstverständlich** sein. **Konzentrieren** musst du dich trotzdem, denn kein Sprung ist genau wie der andere. Selbst an einem Hindernis, das du schon mehrfach **fehlerfrei** überwunden hast, können plötzlich Probleme auftreten.

Ein großer **Fehler** wäre es, immer wieder in der gleichen Richtung über **dasselbe Hindernis** zu springen. Jedes Mal lässt die **Aufmerksamkeit** deines Pferde nämlich ein bisschen mehr nach... und irgendwann klappt dann selbst ein einfacher Sprung nicht mehr. **Springstunden** müssen für die Pferde viel **Abwechslung** bieten, damit sie mit Eifer bei der Sache bleiben.

Wenn du gelernt hast, einfache Sprünge **aus dem Trab** zu nehmen, kommen als nächste Schwierigkeit Sprünge **aus dem Galopp**. **Vorgelegte Stangen** am Boden, im passenden Abstand zum Hindernis (siehe Seite 32), geben den richtigen **Absprung** vor.

- Reite jeden Sprung **gerade**, senkrecht und genau in der **Mitte** an.
- Behalte ein frisches, **gleichmäßiges Tempo** bei; lass dein Pferd nicht vor dem Sprung losrennen oder langsamer werden.
- Versuche, nach dem Sprung so schnell wie möglich die **Kontrolle** über das Pferd wiederzugewinnen.
- Reite ruhig und in **gerader Linie** weiter.

Über kleinen Sprüngen gewinnen Pferd und Reiter Sicherheit.

Nachgeben über dem Sprung: Mit den Händen am Mähnenkamm entlang.

Absprung, Flug, Landung

Versuche am Anfang deiner Springausbildung nicht, deinem Pferd **vorzuschreiben**, wann es **abspringen** muss. Es findet den richtigen Augenblick viel besser als du selbst. Und wenn es doch einmal **nicht** ganz genau gepasst hat, kann sich dein Pferd über einem niedrigen Hindernis meist **selbst helfen**.

- Ist es **zu dicht** an den Sprung gekommen, klettert es wie eine Katze darüber.
- Ist es **zu früh** abgesprungen, streckt es sich in die Länge.
- Ist es aus dem Rhythmus gekommen, springt es notfalls noch aus dem Stand.

Damit das Pferd sich helfen kann, braucht es genügend **Halsfreiheit**.
➜ Gib beim Absprung rechtzeitig **Luft** am Zügel!

Probiere beide **Richtungen** aus, in denen die **Hand vorgehen** kann:
- am **Mähnenkamm** entlang – das ist zu Anfang leichter – oder
- in **Richtung Pferdemaul**.

Über dem Sprung kann der Zügel ganz leicht durchhängen. Auf gar keinen Fall darfst du dich dagegen **am Zügel festhalten**!

Trainiere dein **Gleichgewicht** über dem Sprung. Bleiben deine **Beine** am **Pferdebauch**? Geht der **Knieschluss** auch über dem Sprung nicht verloren? Ist dein **Rücken** gerade? Schaust du **geradeaus** zum nächsten Hindernis? Kannst du nach dem Sprung gleichmäßig **weiterreiten**? Dann dürfen die **Anforderungen** allmählich höher werden.

Nachgeben über dem Sprung: Mit den Händen in Richtung Pferdemaul.

Den Sprung schaffe ich leicht!
Einladend gebaute Hindernisse

Stangen müssen fallen können

Richtiger **Hindernisbau** ist eine eigene Kunst für Fachleute. Aber auch jedes **Trainingshindernis** muss sorgfältig nach den gleichen Regeln aufgebaut werden.

Die wichtigsten Sprungarten sind **Steilsprünge** und **Oxer** (Hoch-Weit-Sprünge). In jedem Fall müssen die **obersten Hindernisteile** – meist sind es Hindernisstangen – **abwerfbar** sein. Diese Stangen müssen **ungehindert** aus der **Auflage** fallen können. Sie dürfen nicht eingeklemmt sein! Zwischen zwei **gekreuzten** Stangen muss ein **Sicherheitsabstand**

eingehalten werden. Weitere Stangen – zum Beispiel seitliche **Begrenzungsstangen** – darfst du nicht auf die oberste Hindernisstange legen. Reißt ein Pferd den Sprung, dann besteht die Gefahr, dass ihm diese Stangen **zwischen die Beine** geraten. Verletzung oder Sturz wären die Folge.

Pferde betrachten ein Hindernis mit anderen Augen als du: Sie können es besser **taxieren** (einschätzen), wenn es möglichst **massiv** aussieht. Dieser Eindruck entsteht durch **mehrere** übereinander liegende **Stangen** oder andere **Füllteile** wie kleine Bürsten oder Gatter. Eine Stange kannst du als **Absprunghilfe** auf den Boden direkt vor das Hindernis legen.

Die **Richtung**, in der ein Hindernis zu überwinden ist, wird durch **Fähnchen** gekennzeichnet: **rot** für die rechte und **weiß** für die linke Seite.

➜ **Spare** beim Hindernisbau **nicht** mit Stangen und anderem **Material**!

➜ Denke an **seitliche Fänge** rechts und links neben dem Sprung.

> ## *Tipp*
> ➜ **Verwende lieber eine Stange zu viel als eine zu wenig beim Hindernisbau!**

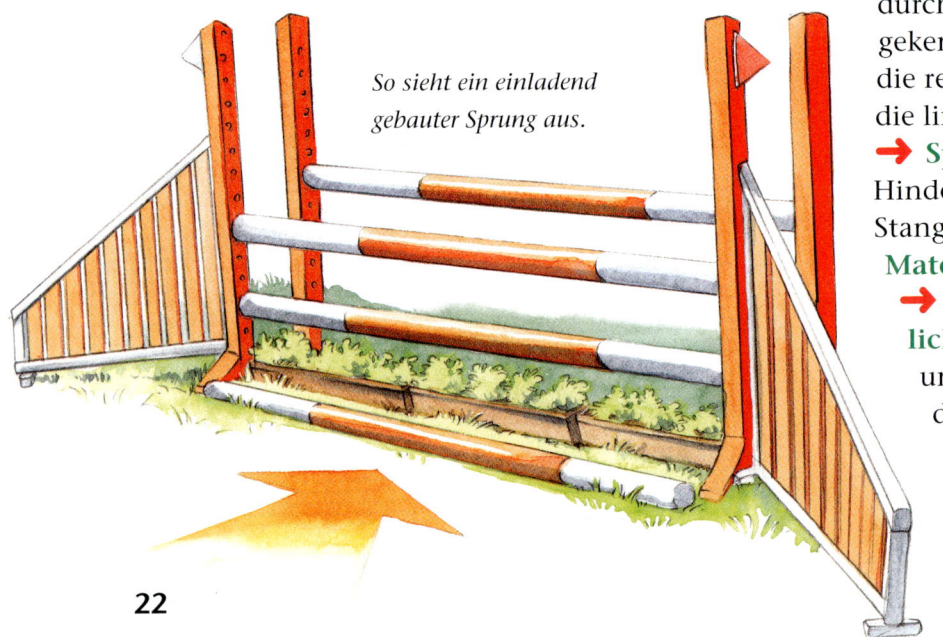

So sieht ein einladend gebauter Sprung aus.

*So nicht – dieses Hindernis
ist gefährlich!*

Selbst gebaute Hindernisse

Nicht in jedem Reitstall steht ein vorschriftsmäßiger **Hindernis-Parcours** zur Verfügung. Manchmal müssen sich Reiter mit verschiedenen Materialien behelfen, um selbst **Hindernisse** zu **bauen**. Beliebt sind zum Beispiel **Autoreifen** oder leere **Tonnen**. Dabei geht Sicherheit stets vor!

- Befestige Hindernisteile nicht mit Schnur oder Draht – die obersten **Hindernisteile** müssen **fallen** können.

- Vermeide scharfe **Ecken** und **Kanten** und hervorstehende **Nägel**.
- Verwende kein Holz, das **gesplittert** ist oder leicht splittern kann.
- Achte darauf, dass ein Hindernis **stabil** genug ist und die Ständer stehen bleiben, wenn die oberste Stange fällt.

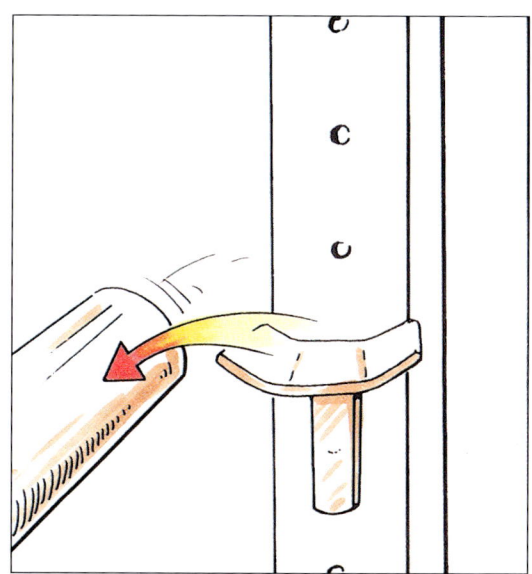

Hindernisstangen müssen ungehindert aus der Auflage fallen können.

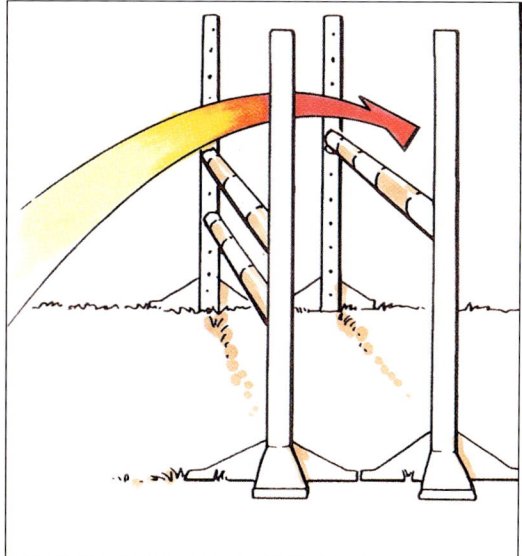

Bei einem Oxer darf die eine hintere Stange nicht niedriger sein als die vordere.

Immer mehr und immer höher
Leichter lernen in Sprungreihen

Ein Sprung nach dem anderen

Ein besonders wichtiges Hilfsmittel in der Grundausbildung von Pferd und Reiter für das Springen sind so genannte Sprungreihen. So nennt man eine Folge von Hindernissen in gerader Linie hintereinander. Die einzelnen Sprünge folgen als **In-Outs** oder **Kombinationen** (siehe Seite 32) aufeinander. Das heißt, zwischen zwei Hindernissen liegen höchstens zwei Galoppsprünge.

Bei **passend** aufgebauten **Abständen** reiht sich so ein Sprung **flüssig** an den anderen – und jeder **Absprung** passt. Sprungreihen bieten viele **Vorteile**:

- Junge Pferde lernen beim **Freispringen** ohne Reiter **Sicherheit**, Geschicklichkeit und Selbstvertrauen.
- Junge Reiter lernen in Reihen schneller und geschickter mit der **Bewegung** über dem Sprung **mitzugehen**.
- In Sprungreihen können die **Anforderungen** systematisch **gesteigert** werden.

Weil der Reiter in einer Sprungreihe nicht lenken muss, kann er sich ganz auf seinen **Sitz** konzentrieren.

> *Tipp*
>
> → **Vertrau dich in der Reihe dem Pferd an – es zeigt dir den richtigen Rhythmus.**

Ohne Bügel und ohne Zügel durch die Sprungreihe

In einer Sprungreihe lernen Pferd und Reiter den richtigen Rhythmus!

Systematischer Aufbau

Der **Aufbau** einer Sprungreihe ist immer Sache eines Fachmannes. Zwar gibt es Faustregeln für die **Abmessungen** in In-Outs und Kombinationen (S. 32), aber das sind nur ungefähre Angaben. Die genauen Abstände richten sich nach:

- Anreiten im **Trab** oder **Galopp**
- Größe des **Galoppsprungs** (entspricht der Größe und dem Galoppiervermögen des Pferdes)
- **Tempo** des Pferdes
- **Hindernisart** (Steilsprung oder Oxer)
- **Höhe** der einzelnen Sprünge

➡ Baue keine Sprungreihe ohne **fachliche Anleitung** auf! Abstände, die nicht genau passen, sind gefährlich.

Der Aufbau einer Springreihe muss langsam und **systematisch** erfolgen. Ungeübte Pferde und unerfahrene Reiter scheuen sich vor mehreren Hindernissen in Folge. Bei einer ganzen Serie von Sprüngen muss ein Hindernis nach dem anderen erarbeitet werden. Anfangs ist es sinnvoll, mit **niedrigen Abmessungen** zu arbeiten, die Pferden und Reitern die Scheu nimmt.

Später eignet sich die Springreihe ganz besonders gut dafür, die Sprünge nach und nach zu **erhöhen**. Weil die Pferde **rhythmisch** und losgelassen **springen**, fühlst du dich auf dem Pferderücken wohl. Mit einem Mal ist es gar kein Problem mehr, wenn ein Sprung plötzlich etwas höher oder weiter wird...

Wenn Pferde wie im Freispringen selbständig durch die Reihe gehen, kannst du dabei sogar **Sitzübungen** machen. Wenn du das **Zügelende verknotest**, kannst du deine Hände vor dem Zügel leicht an den Hals legen.

➡ Übe das Vorgehen mit den **Händen**!

Zum krönenden Abschluss kannst du sogar **ohne Bügel** springen: Wenn du deine **Balance** in der Reihe gefunden hast, ist das gar nicht schwer.

Hörst du auf meine Hilfen? Dressurmäßige Grundausbildung für das Springen

In der Springstunde

In einer Springstunde wird nicht pausenlos gesprungen – wie in jeder anderen Reitstunde werden die Pferde zunächst **gelöst**. Das geschieht meist im **Leichttraben** und **Galoppieren** im leichten Sitz. Es wird auf **langen Linien** um die Sprünge herum mit vielen **Übergängen** geritten. Pferde müssen lernen, sich auch auf einem **Springplatz** oder in einer mit Sprüngen voll gestellten Reithalle unbefangen zu **bewegen**. Für manche

Tipp

→ **Probier aus, auch mit verkürzten Bügeln im Trab auszusitzen.**

Pferde, die sich beim Springen leicht **aufregen**, ist das gar nicht einfach. Vor allem dürfen sie die Sprünge nicht eigenmächtig **anziehen**.

Zur lösenden Arbeit gehört auch das Überwinden kleiner **einzelner Sprünge** und **Sprungfolgen**, zunächst aus dem Trab. Erst, wenn ein Pferd ruhig und **gelassen** aus dem Trab springt, ist es Zeit für Sprünge aus dem **Galopp**.

Den **Schwerpunkt** jeder Springstunde bildet eine bestimmte **Aufgabenstellung**, wie das Erarbeiten einer Reihe, das Üben von unterschiedlichen Distanzen, von verschiedenen Wegen von Sprung zu Sprung oder von Ausschnitten aus einem Parcours. Zum **Abschluss** der Stunde werden die Pferde wieder mit **lösenden Übungen** beruhigt.

Jeder junge Springreiter muß lernen, Gangart, Tempo und Weg seines Pferdes zu kontrollieren.

Dressurmäßige Grundausbildung

Springpferde brauchen eine **dressurmäßige Grundausbildung**. Genau wie ein Dressurpferd soll ein Springpferd **durchlässig** auf die **Reiterhilfen** sein, also jeder **Einwirkung** des Reiters feinfühlig **gehorchen**.

Die **Hilfengebung** im leichten Sitz entspricht der Einwirkung im Dressursitz. Auch der Springreiter verständigt sich mit dem Pferd durch

- **Gewichtshilfen**,
- **Schenkelhilfen**,
- **Zügelhilfen**
- und die zusätzlichen **Hilfsmittel** Stimme, Gerte und Sporen.

➡ Wenn du deine **Kontrolle** über das Pferd verbessern möchte, musst du mit **halben Paraden** arbeiten. Dabei wirken kurzfristig alle Hilfen gemeinsam auf das Pferd ein, bis es die gewünschte **Reaktion** zeigt und du am Zügel **nachgeben** kannst.

Halbe Paraden werden verwendet
- bei der Kontrolle über das **Galopptempo**,
- bei **Übergängen** zum Trab, die in bestimmten Springprüfungen gefordert werden,
- zum Einleiten von **Wendungen**
- beim **Aufnehmen** des Pferdes vor und nach einem Sprung
- und immer, wenn die **Aufmerksamkeit** und **Haltung** des Pferdes verbessert werden soll.

Auf **gebogenen Linien** zwischen zwei Sprüngen soll ein Springpferd generell im Genick **nach innen gestellt** sein. So gut es geht, soll sich das Pferd in seiner ganzen Längsachse der **Biegung**

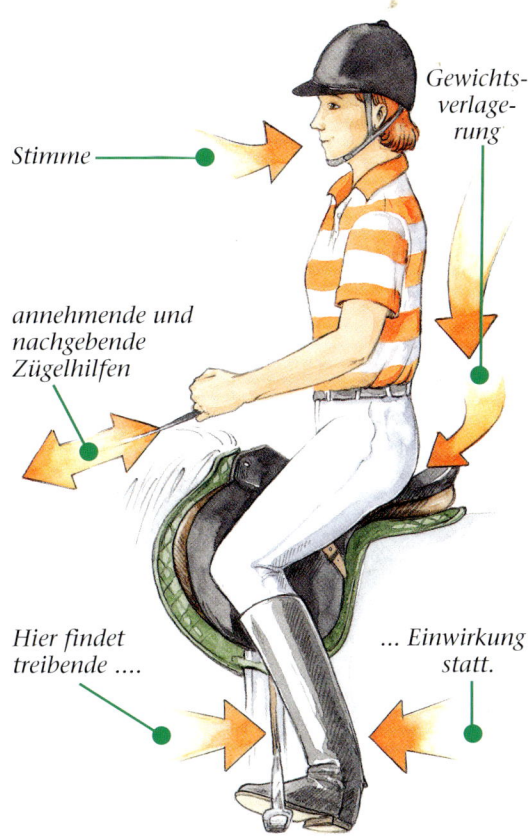

Stimme

Gewichts-verlage-rung

annehmende und nachgebende Zügelhilfen

Hier findet treibende ....

... Einwirkung statt.

Ein korrekter Sitz ermöglicht erst die richtige Hilfengebung.

anpassen. Für das Erreichen von Stellung und Biegung muss der Reiter mit seinen **inneren** und **äußeren Hilfen** zusammenarbeiten können.
- Der innere Gesäßknochen (durch Gewichtsverlagerung), der innere Schenkel und der innere Zügel **fordern** die Biegung.
- Die äußeren, verwahrenden Schenkel und Zügelhilfen **begrenzen** die Biegung.
- Sobald sich das Pferd an die äußeren Hilfen **anlehnt**, muss der Reiter am inneren Zügel **Luft geben**.

Von Sprung zu Sprung
Den richtigen Weg finden

Auf gerader Linie

Beim Parcoursspringen besteht die größte Schwierigkeit nicht im Überwinden der einzelnen Sprünge, sondern in der **Abfolge** verschiedener Hindernisse hintereinander. Sprünge, die jeder Reiter problemlos als **Einzelhindernis** schaffen würde, werden schwierig durch kniffflige **Abstände**. Am Anfang deiner Ausbildung brauchst du dich um solche Probleme nicht zu kümmern.

Tipp

→ **Mach dir klar, dass ein Parcous nur so gut gelingen kann wie der Weg von Sprung zu Sprung.**

Du kannst dich darauf verlassen, dass dein Ausbilder (deine Ausbilderin) nur **passende Abmessungen** für dich aufbaut. Versuche nicht, dem Pferd den **Absprung** zu diktieren – das ist eine Aufgabe für erfahrene Springreiter.

→ Verlasse dich im Zweifelsfall auf dein Pferd!

Beim Reiten von Sprung zu Sprung **passt** der Abstand nur, wenn es dir gelingt, im richtigen **Tempo** und im gleichmäßigen **Rhythmus** anzureiten. Die einfachste Aufgabe besteht im Überwinden von Sprüngen, die in **gerader Linie** hintereinander stehen.

■ Wähle ein **frisches Tempo**, das du noch gut regulieren kannst.

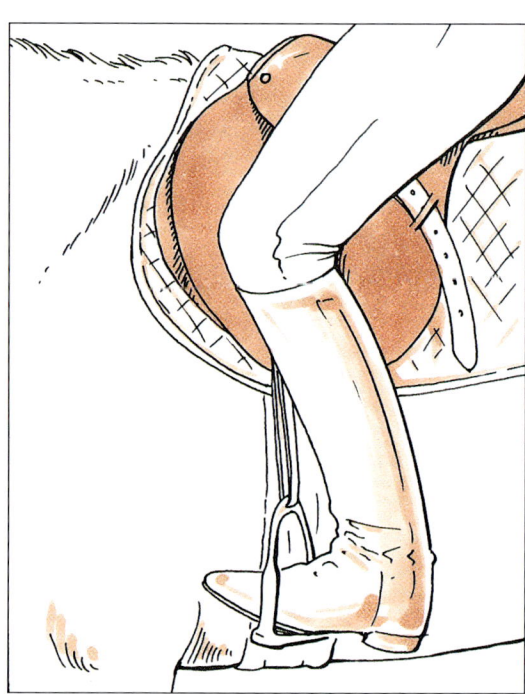

Auch mit kurzen Steigbügeln liegt der treibende Schenkel korrekt am Gurt.

■ Achte darauf, nach dem ersten Sprung so schnell wie möglich dein **voriges Tempo** wieder zu erreichen.
■ Reite in **gerader Linie** von Sprung zu Sprung
■ Versuche, jeweils die Mitte des Hindernisses anzusteuern
■ Lass dein Pferd vor dem Hindernis nicht langsamer oder schneller werden.
■ Gib rechtzeitig **Luft**, damit du dein Pferd nicht störst, auch wenn es einmal sehr früh abspringt.

Springen aus der Wendung

Schwieriger ist das **Anreiten** aus einer **Wendung**. Das größte Problem besteht oft darin, sich richtig zu **orientieren**. Eine gute Hilfe dafür, den passenden **Weg** zwischen zwei Sprüngen zu finden, ist es, die Strecke zu Fuß **abzulaufen** oder im Schritt **abzureiten**. Wenn vor dem Sprung eine Wendung gefordert ist, musst du dir den richtigen **Punkt** zum **Abwenden** auf das neue Hindernis hin merken.

➜ Suche dir eine passende **Merkhilfe**: einen Bahnpunkt, einen anderen Sprung oder einen Baum am Rand des Springplatzes.

Stehen zwei Sprünge versetzt zueinander, dann ist die **kürzeste Linie** zwischen beiden oft **nicht** die **beste**. Nur ein **Bogen** ermöglicht es dir, den Sprung korrekt anzureiten. Er muss genauso groß sein, dass du ihn in deinem **Grundtempo** flüssig und rhythmisch reiten kannst.

Auf gebogenen Linien zwischen zwei Sprüngen soll dein Pferd jeweils im **Innengalopp** galoppieren. **Handwechsel** im Verlauf der Springbahn absolviert dein Pferd am einfachsten **über dem Sprung**. **Fliegende Wechsel** über einem Hindernis beherrschen fast alle Pferde von Natur aus. Oft reicht es aus,

■ an den Handwechsel zu **denken**,

Sicher in der Wendung – so gelingt der Weg von Sprung zu Sprung.

■ in die neue Richtung zu **schauen**
■ und den neuen inneren **Bügel** gut **auszutreten**.

Manche Linienführungen verlangen auch einen **Galoppwechsel** zwischen zwei Sprüngen. Bietet dein Pferd beim Umstellen nicht von selbst einen fliegenden Wechsel an, dann pariere zum **Trab** durch. Stelle dein Pferd in Ruhe um und galoppiere erneut an.

➜ Kontrolliere, ob du stets im **Handgalopp** reitest!

Tempo unter Kontrolle:
Galoppsprünge verlängern und verkürzen

Treibende Hilfen

Erst, wenn du gelernt hast, das **Tempo** deines Pferdes zwischen den Sprüngen zuverlässig zu **kontrollieren**, kannst du dich an das Springen eines kleinen

Parcours wagen. Auch im leichten Sitz muss das Pferd deinen **Hilfen** willig gehorchen. Besonders wichtig ist es,

dass du gelernt hast, dein Pferd richtig zu **treiben**.

Treibende Hilfen veranlassen das Pferd dazu, vermehrt mit den **Hinterbeinen** zu arbeiten. Im Galopp soll es vermehrt **durchspringen** und mit den Hinterbeinen mehr **Last aufnehmen**. Dewegen brauchst du die treibenden Hilfen jedes Mal,

- wenn du deine **Galoppsprünge verlängern**
- und wenn du sie **verkürzen** willst.

Beim Treiben wirken der gesamte **Sitz** des Reiters auf das Pferd ein. Es wäre ein großes Missverständnis, ausschließlich mit den Unterschenkeln treiben zu wollen. Becken und Oberkörper sind genau so wichtig für das Treiben.

Geringe Entlastung beim Überstreichen im Galopp.

Galoppsprünge unter Kontrolle

Vom Dressurreiten her weißt du, dass jeder Galoppsprung so geritten werden soll, als wolltest du erneut angaloppieren.

- Belaste den inneren Gesäßknochen, schiebe die innere Hüfte leicht nach vorn,
- lege den inneren Schenkel treibend an den Gurt, den äußeren verwahrend eine Handbreit hinter den Gurt,
- stelle dein Pferd im Genick nach innen,
- fordere das Angaloppieren mit den inneren Hilfen,
- gib für jeden Galoppsprung Luft am inneren Zügel.

Das Angaloppieren im leichten Sitz entspricht dem im Dressursitz. Wenn du im Entlastungssitz angaloppierst, muss dein Gewicht ebenfalls auf der inneren Seite liegen. Es wird vermehrt auf das innere Knie und den inneren Steigbügel übertragen.

➡ Tritt in jeder Wendung den inneren Steigbügel gut aus!

Zurückführen und Zulegen im Tempo will gelernt sein. Daher gehört das Zulegen und Einfangen im Galopp zu den immer wiederkehrenden Übungen in jeder Springstunde.

Überprüfe selbst, wie viel Zeit oder wie viele Galoppsprünge du brauchst, um dein Pferd wieder in sein Grundtempo zurückzuführen, wenn du es einmal richtig schnell gemacht hast. Aber nicht mogeln!

➡ Arbeite daran, diesen Zeitraum zu verkürzen!

Stärkere Entlastung beim Galoppieren in höherem Tempo.

Zulegen und Einfangen

Wenn du deine Galoppsprünge verlängern willst, dann

- setze die treibenden Hilfen vermehrt ein,
- entlaste den Pferderücken mehr,
- geh mit beiden Händen vor, um dem Pferd zu erlauben, seinen Hals zu dehnen.

Wenn du deine Galoppsprünge verkürzen willst, dann

- setze die treibenden Hilfen vermehrt ein,
- bringe mehr Gewicht in den Sattel und richte dich dabei auf,
- nimm mehr Kontakt mit den Zügeln auf; lass das Pferd dabei vermehrt an den äußeren Zügel heranspringen.
- Gib am inneren Zügel weich nach.

➡ Bei einem heftigen Pferd kannst du auf einer großen gebogenen Linie leichter Kontrolle über das Tempo bewahren.

31

Sprung, Galoppsprung, Sprung
In – Out, Kombinationen und Distanzen

Standardanforderungen

Zwei Sprünge, die in gerader Linie folgen, müssen im **passenden Abstand** aufgebaut sein, sonst bekommen Pferd und Reiter Schwierigkeiten am zweiten Sprung.

Tipp

→ Distanzen passen nur, wenn auch dein Tempo passt.

In vielen Parcours ist daher die **Zahl** der **Galoppsprünge** zwischen zwei Hindernissen vorgegeben.

- Zwei Sprünge, die direkt aufeinander folgen, nennt man **In-Out** (englisch: hinein – hinaus)
- Zwei oder höchstens drei Sprünge, zwischen denen jeweils nur ein oder zwei Galoppsprünge liegen, nennt man **zweifache** oder **dreifache Kombinationen**.
- Wenn zwischen zwei Sprüngen drei bis sechs Galoppsprünge vorgesehen sind, dann spricht man von **Distanzen**.

Das korrekte Überwinden von In-Outs, Kombinationen und Distanzen im vorgegebenen Galopprhythmus gehört zu den **Standardanforderungen**. So nennt man die Aufgabenstellungen, die in besonderen Springprüfungen auf dich zukommen können. **Stilspringen** mit Standardanforderungen, in denen Sitz und Einwirkung des Reiters bewertet werden, sind zum Beispiel in **Abzeichen-Prüfungen** gefordert (siehe Seite 46).

Zu den Standardanforderungen können auch noch weitere Aufgabenstellungen gehören, wie

- **Durchparieren** zum Trab und erneutes **Angaloppieren** an vorgeschriebener Stelle
- Springen aus dem **Trab**
- Reiten über **Trabstangen**
- Anlegen von Zirkeln und ähnlichen **Bahnfiguren**
- **Zügel**-aus-der-Hand-kauen-lassen

Das genaue Einhalten der Standardanforderungen, also auch vorgegebenen Zahl von Galoppsprüngen, fließt in die **Bewertung** mit ein.

In-Out: Die beiden Sprünge folgen direkt aufeinander.

Richtige Abstände

Die **korrekten Abstände** für In-Outs, Kombinationen und Distanzen sind eine kleine Wissenschaft. **Erfahrene** Ausbilder(innen) können mit einem Blick erkennen, wie sie die jeweilige Aufgabenstellung für Pferd und Reiter passend machen können. Schon ein Unterschied von **zwanzig Zentimetern** kann über Gelingen oder Misslingen der Aufgabenstellung entscheiden. Der Abstand richtet sich nicht nur nach der **Zahl** der vorgesehenen **Galoppsprünge**, sondern auch nach der **Hindernisart** (Steilsprung oder Oxer). Für **Ponys** oder Pferde mit sehr wenig raumgreifenden Galoppsprüngen müssen die **Abmessungen** entsprechend **verkürzt** werden.

Als ungefähre Größenordnung für ein **In-Out** gelten 3 Meter.

Für eine **zweifache Kombination** mit **einem Galoppsprung** gilt:

- ■ Steilsprung – Steilsprung 7,50 – 8 Meter
- ■ Oxer – Oxer 7,30 – 7,60 Meter

Für eine **zweifache Kombination** mit **zwei Galoppsprüngen** gilt:

- ■ Steilsprung – Oxer 10,50 – 11 Meter
- ■ Oxer – Oxer 10,30 – 10,70 Meter

Für **Distanzen** gelten folgende (ungefähre) Maße:

- ■ 3 Galoppsprünge: 14 – 15 Meter
- ■ 4 Galoppsprünge: 17,50 – 18,50 Meter
- ■ 5 Galoppsprünge: 21 – 22 Meter
- ■ 6 Galoppsprünge: 24,50 – 25,50 Meter

Das Reiten in Distanzen ist für dich das beste Mittel, dein **Gefühl** für das passende **Grundtempo** und den richtigen **Rhythmus** zu schulen.

➡ Versuche, dich allmählich mit den wichtigsten Abmessungen vertraut zu machen.

Bei dieser Kombination liegen zwei Galoppsprünge zwischen den beiden Hindernissen.

Hoch, weit oder beides
Viele verschiedene Hindernisse

Hindernisse im Parcours

In jedem anspruchsvollen Parcours auf einem Turnier findest du drei Arten von Hindernissen:

- Steilsprünge (Hochsprünge),
- Oxer (Hoch-Weit-Sprünge) und
- Gräben (Weitsprünge).

Tipp

→ **Mache dein Pferd mit so vielen verschiedenartigen Sprüngen wie möglich vertraut.**

Für jeden dieser Sprungarten gibt es verschiedene typische Vertreter. Am häufigsten kommen Steilsprünge vor, meist als reine Stangenhindernisse. Die typischen Hindernisstangen sind vier Meter lang (in der Halle auch drei Meter). Längst gibt es sie nicht mehr nur in den klassischen Farben rot, grün und blau – jeweils mit weißen Streifen dazwischen – sondern in allen erdenklichen Farben.

Besondere Varianten eines Steilsprungs sind ein Gatter, das wie ein Weidetor aussieht und ein Plankensprung, der aus breiten, abgeflachten Planken besteht. Für den Bau von Mauer-Hindernissen wird nicht etwa Stein verwendet, sondern Holz oder Kunststoff. Die obersten Reihen bestehen aus aufgesetzten Einzelteilen; so lässt sich das Hindernis leicht in der Höhe variieren.

Oxer und Gräben

Oxer sind bei Springanfängern meist unbeliebt, weil sie besonders schwierig aussehen. Aber du kannst dich darauf verlassen, dass Pferde nicht nur hoch, sondern auch weit springen können. Wichtig ist nur, dass die hintere Stange des Oxers höher oder gleich hoch wie die vordere aufgelegt wird, niemals tiefer.

→ Merke dir: Ein Oxer hat hinten immer nur eine Stange.

Ein sehr einladender Hoch-Weit-Sprung ist die Triplebarre, ein schräg ansteigendes Stangenhindernis. Wenn ein Pferd sich über einem breiten Sprung fliegen lässt, dann ist das auch für den Reiter ein ganz besonders gutes Gefühl!

Für alle Sprünge gilt: Die oberste Stange oder das oberste Hindernisteil muss fallen können! Ausnahmen von dieser Regel bieten nur einige Natursprünge, zum Beispiel Bürsten. So werden Hindernisse genannt, die aus naturbelassenen Materialien gebaut sind. Hindernisse im Gelände sind generell fest gebaut und können nicht fallen.

→ Das Springen von Gräben erfordert ein besonderes Training. Ein weiter, flacher Sprung muss mit genügend Tempo angeritten werden.

Bürste

Planken

Elefantenrolle

Triplebarre

Gatter

überbauter Wassergraben

Mauer

Wassergraben

Hilfe, mein Pferd will nicht springen!
Probleme beim Springen

Wenn es schief geht

Nicht immer klappt das überwinden eines Hindernisses reibungslos. Ganz unterschiedliche **Probleme** können auftreten:

- Wenn der **Absprung** nicht **gepasst** hat oder das Pferd ein **Hindernis** nicht richtig **taxiert** hat, fallen eine oder mehrere Stangen.
- Das Pferd kann vor oder nach dem Hindernis **bocken**, **buckeln** oder **steigen**.
- Sehr **heftige** Pferde legen sich auf den Zügel und versuchen, **durchzugehen**.
- Es kommt vor, dass Pferde einen Sprung einfach **verweigern**, indem sie stehen bleiben oder seitlich ausbrechen.
- Manchmal **rutschen** Pferde, wenn sie nicht rechtzeitig abspringen, in einen Sprung hinein.
- Wenn das Pferd mit den Füßen regelrecht im Hindernis hängen bleibt, gibt es einen unangenehmen **Rumpler**.
- Der Reiter kann vom Pferd **fallen** oder gemeinsam mit dem Pferd **stürzen**.

All diese Schwierigkeiten haben unterschiedliche Ursachen.

Mein Pferd will nicht

Kein Pferd macht **absichtlich** Fehler oder beschließt, heute lieber nicht zu springen... Dennoch gibt es **Probleme**, die durch das **Pferd** verursacht werden und solche, die der **Reiter** selbst zu verantworten hat. (Außerdem kann man auch einfach nur **Pech** haben, wenn ein Pferd zum Beispiel stolpert oder rutscht.)

Wenn Pferde sich dagegen **wehren**, einen Sprung zu überwinden, kann das verschiedene **Ursachen** haben:

- mangelnde **Ausbildung**
- mangelndes **Talent** (Springvermögen, Springtechnik)
- **Überforderung**
- **Ängstlichkeit** und Scheu
- schlechte **Nerven**
- schlechte **Erfahrungen**
- mangelndes **Vertrauen** zum Reiter.

Wichtig ist es, zu erkennen, ob ein Problem eine **aktuelle Ursache** hat - die entsprechend behoben werden kann - oder ob es sich um eine **grundlegende Schwierigkeit** handelt. Bei **Mängeln** in der Ausbildung, im Talent, Charakter oder Temperament eines Pferdes wirst du schnell an die Grenze der **Leistungsbereitschaft** kommen! Solche Pferde eignen sich nicht für Springanfänger. Dasselbe gilt für Pferde, die schlechte Erfahrungen gemacht haben.

Reiterfehler

➡️ Wenn ein Problem auftritt, dann suche den **Fehler** zuerst bei **dir** selbst!

- Hast du dein Pferd gestört? Den Plumps in den Rücken und den Ruck ins Maul behält kein Pferd in angenehmer Erinnerung.
- Hast du selbst **Angst** gehabt? Hast du dich verkrampft, die Luft angehalten, vor dem Sprung beinahe noch stehen bleiben wollen? Angst steckt dein Pferd an!
- Bist du nicht konzentriert genug geritten, waren dein **Weg** und dein **Tempo** nicht in Ordnung?
- Hast du die **Kontrolle** verloren, weil das Pferd für dich noch zu schwierig war?

Probleme beheben

Das Wichtigste für dich ist es, die **Ursache** eines **Problems** zu kennen. Dein(e) Ausbilder(in) hilft dir, die richtige **Lösung** zu finden. Oft ist es das beste Mittel, zu **leichteren Anforderungen** zurückzukehren, bis Pferd und Reiter wieder Vertrauen gefunden haben. Manchmal können Veränderungen in **Aufbau** und **Aufgabenstellung** Wunder bewirken. Sei auf keinen Fall beleidigt, wenn ein **fortgeschrittener Reiter** die Aufgabe übernimmt, das Pferd zu **korrigieren**. Du selbst bist mit einem braven, **zuverlässigen Pferd** am besten bedient.

Stangensalat – so kann es aussehen, wenn ein Pferd einen Sprung verweigert.

37

Beinahe wie von selbst: Springen im Gelände

Der umgefallene Baumstamm

Springen im Gelände funktioniert oft beinahe wie von selbst. Schon Klettern hat Ähnlichkeiten mit dem Springen: Bergauf und bergab Reiten

ist so ähnlich wie Absprung und Landung in Zeitlupe. Heruntergefallene Äste, kleine Wälle, Pfützen, flache kleine Gräben oder ansteigende Terrassen – das alles verleitet Pferde dazu, von selbst einen kleinen Sprung zu machen.

Manchmal findet sich auch ein passendes natürliches Hindernis: ein Graben, ein Baumstamm oder einladendes Geäst. Aber solche verlockenden Sprünge können auch gefährlich sein.

→ Springe nie über ein unbekanntes Naturhindernis, bevor du nicht Absprung- und Landestelle geprüft hast!

Auf keinen Fall darfst du springen,
- wenn die Umgebung des Sprunges sumpfig ist,
- wenn du auf Steinen, Schotter oder Asphalt abspringst oder landest,
- wenn ein Graben nicht ausgemäht ist, so dass dein Pferd ihn vielleicht nicht sieht,
- wenn hochstehende Hindernisteile (abgebrochene Äste) dein Pferd verletzen können,
- wenn Hindernisteile zwischen die Pferdebeine geraten können (lose Strohballen, lose Holzstöße),
- über Draht jeder Art.

Ist der Sprung ungefährlich, dann kannst du ihn getrost springen. Du wirst die Erfahrung machen, dass dein Pferd im Gelände freiwillig, gern und fliegend springt – beinahe von ganz allein. In natürlicher Umgebung lernen Pferde das Springen spielerisch und ohne Leistungsdruck – es macht einfach Spaß.

Ein einladendes mobiles Geländehindernis.

Mit Konzentration und Vertrauen.

Feste Geländehindernisse

Leider finden sich passende Gelegenheiten für das Springen im Gelände selten von allein. Mit dem Bau von **Geländesprüngen** kann dem abgeholfen werden. Hindernisse im Gelände müssen **massiv** und **stabil** sein. Sie bestehen aus Naturmaterial und werden nicht **bunt** eingefärbt.

Typische Sprünge im Gelände sind:
- **Baumstämme** in verschiedener Form, naturbelassen oder als dicke **Telegrafenmasten**
- befestige **Holzstöße**
- nachgebildete **Zäune**, **Tore**, **Futterraufen**
- Auf- und Absprünge, **Billards** (Bild rechts) oder **Terrassensprünge**
- Sprünge aus dem oder in das **Wasser**
- **Gräben** und überbaute Gräben.

Sehr praktisch für das Springtraining im Gelände sind kleine **mobile Geländesprünge**, die man immer wieder an einen anderen Ort versetzen kann. Leider sind die **Trainingsmöglichkeiten** für das Springen im Gelände nicht überall gegeben.

➡ Wenn sich dir die **Gelegenheit** bietet, das Springen im Gelände zu **lernen**, dann nutze sie unbedingt aus!

Turnierreiten im Gelände

Geländewettbewerbe und **-prüfungen** verlaufen ganz anders als Springen auf dem Turnierplatz. Weil bei festen Hindernissen **keine** Stangen **fallen** können, sind die Sprünge nicht ganz so hoch wie im Parcours. Sie werden dafür aber so wuchtig und stabil gebaut, dass alle Pferde **Respekt** davor haben.

Bei der Bewertung zählt in erster Linie die **Sicherheit** und erst in zweiter Linie die Zeit. Für Verweigern oder **Stürze** gibt es viele **Strafpunkte**.

Die **anspruchsvollste Aufgabe**, die es für Pferd und Reiter gibt, ist das Reitern einer **Vielseitigkeitsprüfung**. Erst müssen Pferd und Reiter ihre Fertigkeiten in der **Dressur** beweisen, dann folgt die **Geländeprüfung** als Herzstück und zuletzt noch ein **Parcoursspringen**. Bei großen Vielseitigkeitsprüfungen kommt noch eine Strecke auf der **Rennbahn** dazu.

➡ Lass dir die Gelegenheit, den **Geländeteil** einer Vielseitigkeit anzuschauen, nicht entgehen.

Vom Start bis zum Ziel: Der erste Parcours

Mit Stift und Papier

Einen kleinen **Parcours** zu springen, ist eine ganz andere Aufgabe als das Überwinden von einzelnen Hindernissen. In jedem Parcours gilt es, vorgeschriebene **Sprünge** zu meistern und zugleich eine bestimmte

Linienführung einzuhalten. Nicht nur die **Höhe** und Breite der Sprünge, sondern auch die vorgegebenen **Linien** und **Wendungen** machen den **Schwierigkeitsgrad** aus. Außerdem können im Verlauf des Parcours bestimmte **Standardanforderungen** (siehe Seite 32) verlangt werden.

Parcoursbauer entwerfen einen Parcours mit Stift und Papier. Das Ergebnis ist eine **Parcoursskizze**, die auf Turnieren auch ausgehängt wird. Sie enthält alle nötigen **Informationen**:

- **Start-** und **Ziellinie**,
- **Position** und **Art** der Hindernisse (gekreuzte Stangen, Steilsprung oder Oxer),
- **Reihenfolge** und **Richtung**, in der gesprungen werden soll,
- Vermerke über **Kombinationen** und **Distanzen**,
- **Standardanforderungen** (zum Beispiel Trabstangen, Springen aus dem Trab, Anlegen von Bahnfiguren,
- Angaben über die zur Verfügung stehende **Zeit**.

Tipp

→ Übe, dir einen Parcours einzuprägen – auch wenn du nur Zuschauer bist.

Konzentration und Kontrolle –
so gelingt der erste Parcours.

So könnte dein erster Parcours für die Prüfung zum Großen Hufeisen aussehen.

Gut vorbereitet

Für deinen allerersten Parcours vor den Augen eines **Richters** eignet sich am besten die **Prüfung** zum **Großen Hufeisen**. Wie dieser Parcours aussehen könnte, siehst du auf der Zeichnung oben. Du kannst deutlich erkennen, wie die Hindernisse aussehen und wie viele Galoppsprünge jeweils dazwischen liegen sollen. Noch nicht eingezeichnet ist die **Linienführung** mit den **Aufgaben**, die unterwegs auf dich zukommen. Wenn du deinen **Prüfungsparcours** kennst, dann zeichne selbst!

➜ Mit Hilfe einer **Parcoursskizze** kannst du dich selbst gut auf einen Parcours vorbereiten.

Schau dir die gestellten Aufgaben genau an:

- Was fällt dir **leicht**?
- Wo musst du genau **aufpassen**?
- Wo liegen mögliche **Schwierigkeiten**?

➜ Gut vorbereitet ist schon halb gesprungen!

Im Parcours unterwegs

➜ Nimm jeden Trainingsparcours ernst. Springe jedes Mal so, als würde ein Prüfer zuschauen!

Konzentriere dich kurz vor dem Ritt noch einmal auf die gestellten Aufgaben. Schaue dich um:

- Wo musst du **abwenden** (suche dir einen **Punkt**, an dem du dich **orientieren** kannst)?
- Wie groß willst du deine **Bögen** um die Sprünge herum anlegen?
- Auf was willst du besonders **achten**?

Das Wichtigste ist ein **fleißiges** und **rhytmisches Grundtempo**. Vermeide, zu übereilen oder zu schleichen!

Ein bisschen **Aufregung** gehört zu deinem ersten Parcours. Aber lass dir davon nicht die **Lust** am Springen verderben! Du wirst bald merken: jeder Parcours hat seinen eigenen Rhythmus, in dem du mit deinem Pferd richtig in **Schwung** kommen kannst.

Vom Springstil bis zum Stilspringen
Parcoursspringen auf dem Turnier

Springreiterwettbewerb

Zum Einstieg für deine **Turnierteilnahme** im Springen eignet sich am besten ein **Springreiter-Wettbewerb**. Hier wird meist noch kein kompletter Parcours verlangt. Nach **Anweisungen** der **Richter** wird im leichten Sitz über einzelne Sprünge und Sprungfolgen geritten. Die Hindernisse sind dabei nicht höher als 90 Zentimeter.

In diesem Wettbewerb kommt es vor allem auf **Sitz** und **Einwirkung** des Reiters an. Du musst den **leichten Sitz** sicher beherrschen und beweisen, dass du Hindernisse **anreiten** und **überwinden**

Tipp

→ **Starte erst dann auf einem Turnier, wenn du mit** deinem Pferd den Anforderungen sicher gewachsen bist.

kannst. Zwischen den Sprüngen sollst du dein Pferd sicher unter **Kontrolle** haben. Dafür vergeben die Richter eine zweistellige **Wertnote** zwischen 0 und 10, zum Beispiel 6,3. Wenn du eine Bewertung von 5,0 bekommen hast, dann heißt das mit anderen Worten: Du hast die **Anforderungen** ganz **knapp** erfüllt. Jede **bessere Bewertung** ist schon ein kleines (oder größeres) **Lob**.

Die Notengebung

Die einzelnen **Noten** bedeuten im **Wortlaut**:

- ◼ 0 = nicht ausgeführt
- ◼ 1 = sehr schlecht
- ◼ 2 = schlecht
- ◼ 3 = ziemlich schlecht
- ◼ 4 = mangelhaft
- ◼ 5 = genügend
- ◼ 6 = befriedigend
- ◼ 7 = ziemlich gut
- ◼ 8 = gut
- ◼ 9 = sehr gut
- ◼ 10 = Ausgezeichnet

Pferd und Reiter in bestem Einvernehmen.

Turnierklassen

Die Einteilung von **Springprüfungen** in bestimmte **Schwierigkeitsgrade** (Klassen) hast du bestimmt schon einmal mitbekommen.

- ■ E = Eingangsklasse
- ■ A = Anfangsklasse
- ■ L = Leichte Klasse
- ■ M = Mittelschwere Klasse
- ■ S = Schwere Klasse

Lass dich durch diese Bezeichnungen aber nicht **täuschen**. Bereits in der leichten Klasse L sind die Hindernisse 1,20 Meter hoch – das ist bestimmt keine leichte Anforderung. Und bis du dein erstes **A-Springen** reiten kannst, musst du über **viele Monate** regelmäßig **trainieren**.

Auf einem Turnier zu **starten** hat nur dann Sinn, wenn du die gestellten **Anforderungen** zu Hause **sicher** beherrschst. Denn auf dem Turnier kommen noch mehrere **Schwierigkeiten** dazu:

- ■ die ungewohnte **Umgebung**,
- ■ unbekannte **Hindernisse**,
- ■ **Lautsprecher** und Musik,
- ■ ein **Abreiteplatz** voller fremder Pferde
- ■ und nicht zuletzt deine eigene **Aufregung** – und die des Pferdes.

➡ Frage deine(n) Ausbilder(in), ob du die nötige **Turnierreife** besitzt!

Sicher ist auch das noch keine Garantie für den **Erfolg**. Aber auf einem Turnier regelrecht zu scheitern, weil die Anforderungen einfach **zu hoch** waren, macht keinen Spaß.

➡ Mache dich als **Zuschauer** mit dem Turnierablauf vertraut!

Der nächste Sprung kann kommen...

Am Anfang steht der Stil

Nicht alle **Springprüfungen** verlaufen nach den gleichen **Regeln**. Als Turniereinstieg kommen für dich nur **Stilspringen** infrage. Dabei wird dein Springstil bewertet. Die Richter beurteilen deinen **leichten Sitz zwischen** den Sprüngen und **über** dem Hindernis.

Bist du sicher im **Gleichgewicht**, **gehst** du mit der Pferdebewegung **mit**, liegen deine **Unterschenkel** ruhig, gehst du über dem Sprung genügend mit der **Hand vor**? Ist dein **Grundtempo** richtig, behältst du deinen **Rhythmus** bei, wählst du einen passenden **Weg** von Sprung zu Sprung?

Immer auf der Linie bleiben
Im Parcours unterwegs

Tipp

→ **Geh den Parcours zusammen mit einem Ausbilder oder erfahrenen Reiter ab!**

Der nötige Papierkram

Turniere werden nach ihrem Schwierigkeitsgrad in **Kategorien** eingeteilt:

- Kat C = Wettbewerbe und Prüfungen der Klasse E
- Kat. B = Prüfungen der Klassen A, L und M
- Kat A = Prüfungen der Klassen M und S

Wenn du davon träumst, ein erfolgreicher Springreiter zu werden, musst du die **Regeln** für den Turniersport genau kennen lernen. In der Reiterzeitschrift deines Landesverbandes findest du die **Ausschreibungen** für alle Turniere. Darin wird genau festgelegt,

- welche Reiter und Pferde startberechtigt sind,
- welche Anforderungen gestellt werden,
- welche Gebühr bezahlt werden muss,
- in welcher Reihenfolge (nach Kopfnummern) gestartet wird
- und an welchem Tag die Prüfung voraussichtlich stattfindet.

Du musst deine **Turnierteilnahme** vorher schriftlich **nennen** und auf dem Turnierplatz noch einmal deine Teilnahme **melden**. Ein System von **Leistungsklassen** für Reiter (von der niedrigsten Klasse VI bis zur höchsten Klasse I) sorgt dafür, dass möglichst Reiter mit vergleichbarem **Leistungsstand** gegeneinander antreten. Oft werden Prüfungen **geteilt**, damit jüngere, unerfahrene Pferde (oder Reiter) nicht gegen ältere, erfahrene Pferde (oder Reiter) antreten müssen.

→ Lies die Ausschreibungen gründlich, auch das Kleingedruckte!

So findest du am ehesten das passende Turnier für dich und dein Pferd.

Tempo, Absprung, Höhe: alles hat gepasst!

Auf dem Turnierplatz

Bereite dich auf deinen **Turnierstart** gut vor. Fahre rechtzeitig los – Hektik verstärkt deine Nervosität. Du brauchst genügend Zeit, um dein Pferd in Ruhe **abzureiten**. Auf dem **Vorbereitungsplatz** findest du drei Hindernisse: einen niedrigen Sprung zum Aufwärmen sowie einen Steilsprung und einen Oxer, die den Anforderungen im Parcours entsprechen. Hier kannst du einige **Probesprünge** absolvieren, bis du dich sicher fühlst.

➡ Mit der Zeit wirst du herausfinden, wie lange du und auf welche Weise du dein Pferd am besten abreitest.

Bevor ein Springen beginnt, wird der Parcours zur **Besichtigung freigegeben**. Alle Teilnehmer der Prüfung kommen zu Fuß in die Springbahn und schreiten die Hindernisse mit **Meterschritten** ab. Das will geübt sein! Erfahrene Springreiter können so die Entfernung zwischen zwei Hindernissen ganz genau einschätzen. Außerdem können sie zu Fuß ausprobieren, welchen **Weg** sie ganz genau reiten wollen.

➡ Nutze die Gelegenheit, dir einige Ritte deiner **Konkurrenten** anzuschauen. So werden mögliche Klippen noch deutlicher erkennbar.

Das Abgehen des Parcours mit Meterschritten will gelernt sein.

Wendekegel

Im Parcours unterwegs

Das beste **Rezept** gegen die **Aufregung** ist **Konzentration**. Schau dich vor dem Start noch einmal um: Du hast den **Parcours** jetzt im **Kopf**. Jetzt ist es deine erste Aufgabe, die Richter zu **grüßen** und das **Glockenzeichen** abzuwarten, das dir den **Start freigibt**. Es kann endlich losgehen...

Der **erste Sprung** ist meist einfach. Nimm ihn trotzdem ernst! An den Punkten, an denen du **abwenden** willst, stelle dir einen **Wendekegel** vor. Halte dich genau an deine **gedachte Linie**. Rechne damit, dass dein Pferd zum Ausgang hin **schneller** wird und vom Ausgang weg **langsamer** wird – jedes Pferd kennt den **Heimweg**.

➡ Lass die Sprünge in **Ruhe** auf dich zukommen – auch die schwierigen.

An den Start und durchs Ziel
Regeln für Turnier- und Abzeichenprüfungen

Gut zu wissen

Die gängigsten Springprüfungen – vor allem in den höheren Klassen – werden nicht nach Stil, sondern nach Strafpunkten und Zeit gewertet. Aber auch in Stilspringen gibt es Abzüge von der Wertnote:

- Hindernisfehler:
  – 0,5 Punkte
- 1. Verweigern: – 1 Punkt
- 2. Verweigern: – 2 Punkte
- Sturz: – 2 Punkte

In der Springprüfung nach Fehlern und Zeit zählt:

- Hindernisfehler:
  4 Strafpunkte
- 1. Verweigern:
  3 Strafpunkte
- 2. Verweigern:
  6 Strafpunkte
- Sturz:
  8 Strafpunkte.

Beim dritten Ungehorsam im Verlauf des Parcours werden Reiter und Pferd ausgeschlossen.

Abzeichen

Die Deutsche Reiterliche Vereinigung (FN) bietet eine ganze Reihe von Abzeichen an, in denen du dein Können unter Beweis stellen kannst. Bei fast allen Abzeichen werden Fertigkeiten in Dressur und Springen verlangt.

Bei der Siegerehrung: Schleifen und Pokale für die besten Teilnehmer

Tipp

Als aufmerksamer Zuschauer kannst du die Turnierregeln genau kennen lernen.

Dein erstes Abzeichen, in dem Hindernisse zu überwinden sind, könnte das **Große Hufeisen** sein (siehe Seite 41).

Alles, was du über **Pferdehaltung** und den **Umgang** mit Pferden wissen musst, wird im **Basispass Pferdekunde** geprüft.

In der **Reiter-Pass-Prüfung** stellst du deine Kenntnisse im **Geländereiten** unter Beweis; du kannst dabei freiwillig über Geländehindernisse springen.

Das **Deutsche Reiterabzeichen Kl. IV** in Bronze ist das erste **Leistungsabzeichen**, mit dem du dich auch für die Teilnahme an Turnierprüfungen (bis Klasse A) qualifizieren kannst. Die **Prüfung** besteht aus drei Teilen:
- Dressurmäßiges Reiten mit Anforderungen der Klasse E
- Springen über einen Parcours mit Anforderungen der Kl. E
- Theorie (Reitlehre und Pferdekunde).

Das D**eutsche Reiterabzeichen Kl. III** in Bronze ist der nächste Schritt auf der Leiter nach oben. Das musst du können:
- Dressurprüfung der Kl. A
- Überwinden eines A-Parcours
- Theorie (Reitlehre und Pferdekunde).

Eigene Ziele

Wenn du **Spaß** am **Springen** hast, dann ist es wichtig, dass du dir **eigene Ziele** setzt. Sie müssen aber auch **erreichbar** sein! Versuche, deine Fähigkeiten **Schritt für Schritt** zu verbessern. **Abzeichenprüfungen** und erste Turnierstarts sind ein gutes Mittel, deinen eigenen **Leistungsstand** zu **überprüfen**. Aber das Wichtigste ist ein regelmäßiges, systematisches **Training**.

Beschäftige dich mit dem **Aufbau** von Trainingssprüngen und -parcours. Lerne die wichtigsten **Abmessungen** für Kombinationen und Distanzen auswendig (siehe Seite 32).

➜ Vergiss nie, dein Pferd wie einen **Partner** zu behandeln und nach jeder guten Leistung zu **loben**!

So wird gegrüßt:: Zügel in die linke Hand, rechte Hand hinter den Oberschenkel

Die Autorin

Isabelle von Neumann-Cosel,
Jahrgang 1951, ist Journalistin,
Reitlehrerin und Richterin. Sie hat im
FN*verlag* unter anderem „Das Pferde-
buch für junge Reiter", fünf Titel einer

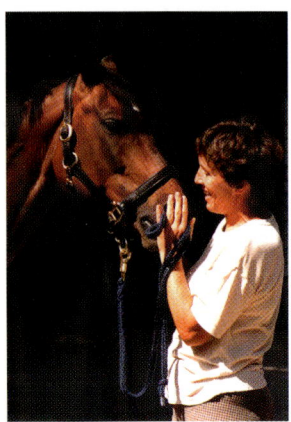

Sachbilderbuch-
reihe, sechs Titel
einer Hufeisen-
Sachbuchreihe
und zwei FN-
Lehrfilme über
die Reitausbil-
dung von Kin-
dern veröffent-
licht.

Die Illustratorin

Jeanne Kloepfer, Jahrgang 1966, ist
Diplom Grafik-Designerin und
Illustratorin. Sie lebt und arbeitet in
Heidelberg. Nach dem Studium ent-
schloss sie sich für die Selbständigkeit

und ist sowohl
in der Wer-
bung als auch
bei Verlagen
tätig – mit dem
Schwerpunkt
„Pferde".

Was Pferdefreunde wissen wollen

Jeweils 48 bzw. 64 durchgehend farbig
illustrierte Seiten, Format 17 x 24 cm,
gebunden, je DM 26,80

**Kleines Hufeisen –
Großes Hufeisen.
So klappt die Prüfung**
ISBN 3-88542-296-4

Pferde – meine besten Freunde
ISBN 3-88542-318-9

In der Reitschule
ISBN 3-88542-319-7

Pferdepflege macht Spaß
ISBN 3-88542-322-7

Kleine Ponys – große Pferde
ISBN 3-88542-323-5

Reiterferien sind ein Traum
ISBN 3-88542-333-2

Im Stall und auf der Weide
ISBN 3-88542-332-4

Dressur ist Gymnastik für Pferde
ISBN 3-88542-340-5

Keine Angst vor Hindernissen
ISBN 3-88542-345-6

Der Jugendbuch-Klassiker

Isabelle von Neumann-Cosel
Das Pferdebuch für junge Reiter

Der erfolgreiche Longseller im Jugendbuchprogramm
des FNverlages, wurde als attraktive Neubearbeitung auf-
gelegt. Mit aktualisiertem Inhalt und in völlig neuer,
ansprechender Ausstattung bietet der Band eine unver-
wechselbare **Mischung aus Lesestoff und Lernhilfe**
für den Umgang mit dem Pferd und das Reiten lernen.
Empfehlenswert zur Vorbereitung auf die Prüfungen
Kleines und **Großes Hufeisen** sowie **Reiterpaß**.

256 Seiten mit durchgehend farbigen Fotos
und Illustrationen, Format 140 x190 cm,
gebunden, DM 38,00

ISBN 3-88542-296-4

1. Pferde brauchen Menschen

Pferde sind auf uns Menschen angewiesen. Wir Pferdefreunde tragen die Verantwortung dafür, dass es jedem einzelnen Pferd gut geht – auch du.

4. Alle Pferde sind wertvoll

Alle Pferde verdienen Pflege und Zuneigung, egal ob jung oder alt, Weidepony oder Turnierpferd, Zuchthengst oder ausgedientes Schulpferd. Wir Pferdefreunde wissen, dass alle Pferde gleich gut behandelt werden müssen – auch du.

2. Pferde müssen richtig versorgt werden

Pferde brauchen Wasser und Futter, Licht und Luft, viel Bewegung und Kontakt zu anderen Pferden. Wir Pferdefreunde sorgen dafür, dass es jedem Pferd gut geht – auch du.

5. Pferde und Menschen haben eine lange gemeinsame Geschichte

Zwischen Pferden und Menschen besteht seit Tausenden von Jahren eine enge Verbindung.
Wir Pferdefreunde sind bereit, vom enormen Wissen früherer Zeiten und fremder Kulturen über Pferde zu lernen – auch du.

3. Die Gesundheit geht vor

Gesundheit und Zufriedenheit des Pferdes sind wichtiger als Erfolge um jeden Preis. Uns Pferdefreunden geht das Wohl jedes einzelnen Pferdes vor – auch dir.

6. Pferde sind gute Lehrer

Pferde spüren Ungeduld und Unbeherrschtheit. Sie belohnen Freundlichkeit und Geduld. Wir Pferdefreunde lernen gern von unseren Pferden – auch du.